U0034346

01
James Allen

01
James Allen

所有境遇都有福報

The Path to Prosperity

通往豐足喜樂的大智慧，這世上沒有真正的地獄！

詹姆斯・艾倫（James Allen）／著　　蕭寶森／譯

James Allen 01

所有境遇都有福報

通往豐足喜樂的大智慧，這世上沒有真正的地獄！

原文書名 The Path to Prosperity
作　　者 詹姆斯．艾倫（James Allen）
封面設計 林淑慧
特約美編 李緹瀅
特約編輯 王舒儀
譯　　者 蕭寶森
主　　編 高煜婷
總 編 輯 林許文二

出　　版 柿子文化事業有限公司
地　　址 11677臺北市羅斯福路五段158號2樓
業務專線 （02）89314903#15
讀者專線 （02）89314903#9
傳　　真 （02）29319207
郵撥帳號 19822651柿子文化事業有限公司
投稿信箱 editor@persimmonbooks.com.tw
服務信箱 service@persimmonbooks.com.tw

業務行政 鄭淑娟、陳顯中

初版一刷 2020年09月
　　二刷 2020年09月
定　　價 新臺幣300元
I S B N 978-986-98938-7-9

國家圖書館出版品預行編目(CIP)資料

所有境遇都有福報：通往豐足喜樂的大智慧，這世上沒有真正的地獄！／詹姆斯．艾倫（James Allen）作.；蕭寶森譯
--一版. --臺北市：柿子文化，2020.09
面；　公分. --（James Allen；01）
譯自：The path to prosperity
ISBN 978-986-98938-7-9（平裝）
1.靈修 2.思考 3.生活指導
192.1　　109010630

佳評如潮

（按姓氏筆劃由少至多）

好評迴響

邁向幸福之道

唐松章，崇友實業股份有限公司榮譽董事長、台灣盛和塾召集人

出生於十九世紀末英國的本書作者詹姆斯．艾倫先生，其隱士的生平故事就某些層面來看，彷彿就像許多宗教的實修成就者一般，在終生靜謐低調的修持後，留下些許指引，靜待有緣人，然後便悄然離開人世。所幸，他所留予後世的哲學思想，並未隨歲月而遭到埋沒。

詹姆斯．艾倫的著作，不僅獲得許多著名政治家與名人的重視，就連當代被尊崇為日本「經營之聖」的稻盛和夫先生，也曾在許多公開場合的演說中，引用與介紹了詹姆斯．艾倫的哲學思想。例如在二〇一一年美國芝加哥盛和塾的開塾典禮上：

「選擇正確的想法並持續思惟，將能使我們上昇成為品格高尚與崇高的人。同時，若選擇錯誤的想法並沉溺其中，也會使我們墮落成為像野獸一般的人。」

「所有在心田中被灑下的念頭種子，都將生出與其自身相同性質的東西。其行無論或遲或早都必定開花，旋即結出被稱為環境的果實。好的念頭將結出好的果實，壞的念頭將結出壞的果實。」

稻盛先生並近一步地闡釋：「詹姆斯・艾倫想表達的是，心中所抱持的想法，將會完全決定人生。我創造了『人生與工作的成果＝思考方式×熱忱×能力』這個方程式，相信『思考方式』決定了一切，從而加以實踐。」

稻盛先生所創立的京瓷與KDDI企業，皆為名列世界前五百大的企業，近年更無私地接受日本政府請託，成功重整宣告破產的日本航空。希望藉由此段稻盛先生的解說與其實踐經驗的分享，能對讀者深入探究詹姆斯・艾倫本書所要表達的核心精華有所助益，進而邁向人生的幸福之道。

鍛鍊與修正自己的內在，是最好的投資

張韋婷，財富金鑰系統的帶領人，「我是歐拉張韋婷」粉絲頁與youtube頻道創作者

作者的寫作年代和財富金鑰系統問世的年代差不多。當我翻閱內容，發現真理的描述也是類似的。可見所謂的宇宙法則，即使透過不同的管道在觀察與使用，道理與運作也是一致的。

財富金鑰系統告訴我們：「只要和宇宙法則達到協調一致的關係，就能獲得我們所要的幸福、健康、豐盛。」而所有的不幸，都來自於我們思想上的錯誤認知。我們誤解了眼前的現象，而無法看見背後的運作。

本書作者詹姆斯．艾倫不斷用愛的語言喚醒大家：「災厄源於無知。」而我們其實是生命的主人，透過再次認知到自己的思想形塑了一切，進而重塑對事物的看法，我們終將能改變生命的品質，編織出屬於自己的幸福。

你是何種品質的人、你時常讓自己處於何種頻率之中，便吸引同質性的事件發生。所有的現象都是「果」，而我們要學著從果之中反省自己的思想，理

解這一切都源自自己的內在世界。平安、豐盛、滿足……從來都不能透過向外乞討而得到，必須自己內在先有了那個「有」的認知（因），外在世界才能顯現出相對應的方法和道路（果）。

你是那個無窮宇宙得以顯化自身的管道，宇宙永遠無聲的回應所有的請求，因此你只會得到你所「是」的一切。鍛鍊與修正自己的內在，是最好的投資，作者並不是在告訴你道德上的是非對錯，而是宇宙運作的法則。透過自我覺知的力量，重新思考你想要創造什麼樣的人生？那就先讓自己在思想與行動上都與那個目標頻率一致。

富足的人生，只有兩件事！

馮仁厚，台灣盛和塾常務理事、群仁管理顧問公司總經理

詹姆斯．艾倫用簡單、平常的語言，佈施他的慈悲心，期望透過本書幫助世人療傷止痛，獲得幸福。書中的文字淺白直接，傳遞了度過美好人生的關鍵

訊息。如果你能夠接受「所有的外在的發生，都是源自你自己內心」，那你的人生就只剩下兩件事要做：

一、當碰到如意的事情，那是上天給我們美好心靈的回應，就請趕快「感恩、謝恩」。

二、當碰到不如意的事情，那也是上天給我們晦暗內在的回應，就請趕快「認罪、懺悔」。

如果你能夠如實地接受外境所給你的訊息，並且以「感恩、謝恩」或「認罪、懺悔」相應的轉念、調整自己的心念，人生就會變得平順與富足。

這是一本用「心」寫出來的書，也請用心去細細品味。回歸自己的心，以尋得自己豐富又美麗的人生。

具名推薦

何妤玟，知名藝人

吳若權，作家、廣播主持、企管顧問

李雅雯（十方），暢銷理財作家

讀者迴響

▼這本書我推薦給幾乎每一位朋友，它所提供的智慧是無價的，非常值得深思，它也讓我渴望讀更多詹姆斯．艾倫的作品！

▼這是一部真正的經典……事實上，在理解財富、權力和幸福的基本原理方面，我會把它放在詹姆斯．艾倫所有其他書的前面。我喜歡《你的思想決定業力》，所以自然而然地從他上尋求更多的智慧，而這本書無疑是一個巨大的驚喜……我已經向朋友圈裡的許多人推薦這本書……我目前也正在重讀它，並試著概述它，以便我能保留它所包含的深刻知識。

▼這本書（有聲書）我先是聽了兩遍，然後最近我每晚睡覺前都會聽，它向我們保證了和平、豐足和健康之道。你得自己把這本書拿來看，所以我就不談細節了，除了

這一個——災厄是有機會改變的！一切災厄的存在都只是為了給我們一個教訓，但人們並沒有意識到這一點，他們不去尋找災厄給我們的功課，所以才會無休止地深陷在災厄之苦（壞事發生、失敗、失望、疾病、孤獨等等）。我告訴你，每天晚上聽這本書，是我最近生活中最重要的事！因為它改變了我——它讓我的生活變得更好！讓我更快樂！讓我感到更加豐足……

▼好書，每個人都應該讀！我尤其鼓勵年輕人一定要讀，請早日開始，這將會是你豐足人生的必行之路！

▼詹姆斯．艾倫的書絕對是你所能買到的最有價值和最深刻的自助書籍之一……這本短小的作品或許是只是其他更多自助書籍的基礎，然而，為什麼我們不從源頭閱讀起呢？每次讀這本書，我都覺得更有力量，而且隨著年齡的增長，我就覺得它愈來愈好。

▼當我讀到詹姆斯．艾倫的作品時，我真的是高興到彷彿置身天堂！

前言

憂傷與痛苦的解藥

我環顧這個世界，看到世人都籠罩在悲傷的陰影中，為苦難的烈焰所灼傷。於是，我開始尋找這一切憂傷與苦難的根源。

我到處尋覓，卻毫無所獲。接著，我在書中找尋，仍然徒勞無功。直到我開始檢視自己的內心，才找到了答案，並且發現——原來一切憂傷與痛苦都是**我們自己所造成**。當我更進一步的**向內觀照**後，便找到了解藥。

這帖解藥便是——「**愛的法則**」，我們必須順應這個法則生活，並且保持**謙卑**、**安靜**與**順從**。

於是，我夢想要撰寫一本書，幫助世間的男男女女（無論他們是貧是富，是鴻儒抑或白丁，是老於世故或懵懂天真）發現：所有的成功、快樂、成就與真理，都源自他們的內心。

我從未放棄這個夢想，最後終於得以將它實現。現在，我要將這本書呈現給世人，以幫助他們療傷止痛，獲得幸福。我知道它必能抵達那些正等待著它的人士手中。

詹姆斯．艾倫

Chapter

1

災厄的教訓

有一個方法可以讓我們永遠根除禍患，
擺脫疾病、貧窮或其他逆境，
享受永恆的富足以及無盡的平安與幸福，
不再害怕逆境降臨。

焦慮、痛苦和悲傷，是人生中的陰影。世上沒有一顆心不曾受到痛苦的螫咬，沒有一個人不曾在煩惱的黑暗海域上顛簸，也沒有一隻眼睛不曾因為不可言喻的痛楚而流下灼灼的熱淚。沒有一個家庭不曾被疾病與死亡入侵，並因而遭受與親人永別的痛苦，籠罩在愁雲慘霧中。

世上每個人或多或少都被那牢固的災厄之網所困，隨時可能遭逢痛苦、不幸與厄運。

離苦得樂？

為了逃離災厄或減輕它們所造成的陰影，世人無不忙著運用各式各樣的方法來求取永恆的幸福。

有人貪杯嗜酒或縱情聲色，沉迷於感官的刺激中；有人一心耽樂，終日山珍海味、綾羅綢緞，無視於世間的苦難；有人汲汲名利，不惜犧牲其他事物；有人則在宗教中尋求安慰。

表面上，這些人似乎都得到了他們所追求的快樂。他們的靈魂**暫時**得到了一些安全感，忘卻了災厄的存在。

然而，總有一天，他們會突然面臨疾病或某種不幸、誘惑或厄運，這時，他們**想像**中的幸福就立刻粉碎了。

因此，人如果不了解生命的真相，當他享受各種快樂之際，他的頭上就像懸著一把代表痛苦的達摩克里斯之劍[1]，隨時隨地都可能會落下，將他的靈魂刺戳得體無完膚。

孩童盼望長大，成人卻惋惜逝去的童年歡樂。窮人抱怨他們受到貧困的枷鎖束縛，富人卻時常擔心失去自己的財產，或不斷搜刮世上的財物，追尋他們所謂的快樂。

有時，人們會透過宗教信仰、哲學思想或知識、藝術上的追求而得到心靈的平安與快樂，但當他遭遇某種不可抗拒的誘惑時，就會發現宗教並不足以提供屏障，哲學理論也無濟於事，甚至他們多年來所苦苦追尋的那些理想也只是夢幻泡影。

然則，我們是否永遠都無法逃離痛苦與憂傷？是否沒有辦法掙脫不幸的枷鎖？永恆的快樂、穩固的富足和持久的安寧難道只是一個愚蠢的夢想？

1 The Sword of Damocles，常用來比喻隨時可能爆發的潛在危機。

幸好，事實並不是如此。有一個方法可以讓我們永遠地根除禍患，擺脫疾病、貧窮或其他逆境，享受永恆的富足以及無盡的平安與幸福，而不用再害怕逆境的降臨。

要達到這個美好的境地，第一步便是：**正確理解災厄的本質**。

無知

我們不能光是否認或忽視災厄的存在——我們必須了解它的本質。

我們也不能光是祈禱上帝免除這些災厄——我們必須明白災厄之所以存在的原因，以及它要我們學習的功課。

對著你所受的桎梏苦惱發火是無濟於事的；你必須知道自己為什麼會受到束縛，以及如何受到束縛。因此，你必須超越自我，並且開始**從客觀的角度檢視自己與了解自己**。

在經驗的學堂裡，你不能再當一個不聽話的小孩，你必須開始謙卑而有耐心的學習那些可以教導我們、讓我們臻於完美的功課。

當我們對災厄有了正確的認識，就會發現它並非宇宙中一個絕對的力量或法則，而是人類的經驗當中**一個短暫的階段**。

只要我們願意學習，就可以以它為師。

災厄並不是存在於你自身之外的某種抽象事物，而是**存在於你內心**的一個經驗。只要能耐心的檢視並匡正你的心，就能夠逐漸發現災厄的起源和本質，然後它必然就會完全消失。

所有的災厄都是為了要讓我們改過向上，因此不會恆久存在，**它源自人們對事物的本質和關係的無知**。

因此，只要我們一直處於此種無知的狀態，就會持續受到災厄的影響。**世上的災厄無不起因於無知**。然而，只要我們願意學習其中的功課，它就會讓我們得著更高的智慧，屆時，它便會消失於無形。

不過，由於人們仍舊不願意學習災厄所要教導的功課，於是，災厄並未消失，人們也仍舊為其所苦。

我認識一個小孩。每天晚上他的母親帶他上床睡覺時，他總會哭著求他母親讓他玩一玩蠟燭。有一天晚上，他母親一不留神，就讓他拿到了蠟燭，接下來的結果可想而知。但從此以後，那孩子就再也不想玩蠟燭了。

透過這項愚蠢的舉動，他切切實實的學會了服從這門功課，並獲得了新的知識：火會把人燙傷。這個事件充分說明了所有罪惡與災厄的本質、意義及最終的結果。

正如同那個孩子因為不了解火的本質而受苦，**人們也因為不了解他們所追求的事物的本質而受苦**（他們苦苦追求它們，但一旦得到了，自己反而會受到傷害）。兩者之間唯一的差別在於：後者的無知和災厄源自較深的層面，也比較難以看清楚。

一念的黑暗

人們向來以黑暗象徵罪惡與災厄，以光明象徵美善。

這樣的象徵也是對兩者的完美詮釋，因為光明總是遍照大地，而黑暗只不過是原本無邊無際的光被一個小小的物體擋住而形成的斑點或陰影。因此，至善之光乃是充斥於天地之間、賦予萬物生命的那股正向的力量，而災厄則是這樣的光被人的自我所遮擋而形成的微不足道的陰影。

當夜幕低垂時，無論夜色如何深濃，也只覆蓋著我們這顆小小星球的一半空間。此時，整個宇宙仍是一片光亮。每個靈魂都知道——

第二天早上，它將會在陽光中甦醒。

因此，你要明白：悲傷、痛苦或不幸的暗夜之所以會降臨在你的靈魂上，令你疲憊不堪、步履踉蹌，乃是因為你**自身的慾望**擋住了那廣闊無垠的喜悅與幸福之光。

籠罩在你的靈魂之上的陰影，完全是你的自我所投射出來的。

正如同外在的黑暗只是一個陰影、一個不真實的存在，沒有來處，沒有去處，也沒有永恆的居所，**人心中的黑暗也是一個陰影，並不真正存在**。它只不過是暫時經過我們那不斷進化的光明靈魂罷了。

可能有人會說：「為什麼人一定要經歷這樣的黑暗呢？」

這是人們在無知的情況下所做的選擇，也唯有如此，他們才能明白善惡。

這是因為——

人們唯有在經歷了黑暗之後，才更會珍惜光明。

災厄既然是由無知所造成，當我們充分領會災厄所帶來的教訓之後，我們就不再無知，並且會生出智慧。

然而，就如同一個不聽話的孩子拒絕學習學校的功課一般，人們也可能會拒絕學習經驗所帶來的功課。於是，他們便一直置身於黑暗之中，屢屢受到疾病、失望與不幸等各種形式的懲罰。

因此，人若想要擺脫災厄，就必須要有**一顆願意學習的心**，並且**做好受到磨練的準備**。

假使沒有經歷這個過程，就不可能獲得一絲一毫的智慧，或是恆久的平安與幸福。

生命的功課

一個人可以把自己關在黑暗的房間裡，否認光明的存在。

然而，事實上，**外面的世界仍然是一片光亮，黑暗只存在於他那個小小的房間裡面**。

因此，你可以把真理之光隔絕在外，但你也可以開始拆除你用偏見、自私與錯誤構築而成的圍牆，讓無所不在的燦爛之光照射進來。

請你認真的檢視自己，努力體會（而不只是當成一個理論）災厄只不過是一時的，是你的自我所創造出的一個陰影；你所有的痛苦、憂傷與不幸，都是那個永不改變的完美法則運作的結果；它們之所以降臨在你的身上，是因為**那是你應得的，也是你所需要的**。

如果你能**先加以忍耐，再試圖理解**，你就有可能變得更有力量、品德更加崇高，也更有智慧。

當你充分體認到這點時，就有能力改變自己的境遇，將所有的壞事轉變為好事，並用你那巧妙的雙手編織自身的命運。

守夜的人哪！

你是否已經看見，

山頂上那微微的曙曦？
那光中之光的金色信使，
是否已經站立於群山之巔？

他是否將前來驅走黑暗，
以及所有屬於夜晚的惡魔？
他是否將射出他的光芒，
照亮你的視野？
你是否已經聽見他宣告終結暗夜的聲音？

崇尚光明的人哪！
早晨已經降臨，
此刻它正為山頂鍍上金粉，

但我也隱約看見，
他那光燦的雙足正朝著夜晚的方向。

黑暗將會逐漸消逝。
隨著暗夜過去，
所有喜愛黑暗、厭憎光明的事物也將消失！
你們要歡欣鼓舞！
因那敏捷的光之信使正出聲吟唱。

日課

。不要只顧著否認、忽視或祈求上天免除你的災厄，你必須正確理解災厄的本質，了解它存在的原因及所帶給你的功課。

。災厄只是人類經驗當中一個短暫的階段，存於你我的內心。

。災厄起源於人們對事物本質和關係的無知，其存在是為了要讓我們改過向上，當我們學習到其中的功課，進而獲得智慧，災厄便會消失。

。當你得到了一心所追求的事物後卻感到痛苦，那是因為你不了解那些事物的本質。

。你遇到的災厄，正是因為你需要！遇到時，請先忍耐，再試圖理解，學習當中的課題，如此你就有能力轉壞事為好事。

Chapter

2

外境是你心靈的投射

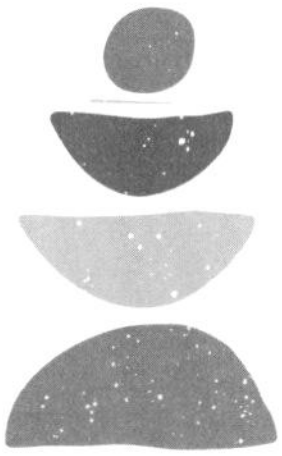

環境之所以能夠影響你，
是因為你願意受它影響。

你是什麼樣的人，你的世界就是什麼樣子；宇宙萬物都會變成你自身的內在經驗。

外境如何並不重要，因為它只是你自身意識狀態的投射。

你內在的狀態才是最為重要的，這是因為——外在的一切都將反映出你內在的模樣。

一切唯心造

所有你確知之事都包含在你自身的經驗中，所有你將知曉的事情也都必須透過經驗的門戶獲得，才能成為你的一部分。

你的思想、慾望和抱負構成了你的世界。你眼中的一切美麗、喜悅、幸福或醜陋、憂傷、痛苦，都蘊藏在你的內心中。

你的生命、你的世界、你的宇宙是好是壞，是由你的思想所決定的。當你用思想的力量來構築你的內心世界時，你外在的生活和境遇也會跟著改變。

在那無可規避的道德因果法則作用下，你的內心深處所隱藏的想法遲早都會在你的外在生活中顯現。

不潔、卑劣、自私的靈魂，必然會朝著不幸與災難的方向前進；純潔、無私、高貴的靈魂，也必然會朝著幸福、富足的方向前進。

每一個靈魂都會吸引它的同類。凡不屬於它的，都不可能降臨在它身上。

如果你能體會這一點，你就認清了那放諸四海皆準的神聖法則。

每個人生命中所發生的各種事件——無論好壞，都是被他思想的品質與力量吸引而來的。

每個靈魂都是經驗與思想的複雜組合，身體只不過是暫時用來**展現靈魂的工具罷了**。

因此，你的想法是什麼樣子，你的真我就是什麼樣子。你周遭的世界——包括有生命和無生命的世界——都會表現出你的思想所塑造成的模樣。

佛陀曾經說過：「我們是什麼樣的人，乃是由我們的想法所決定，是以我們的思想為基礎、由我們的想法所組成。」

由此，我們可以推論——

一個人之所以快樂，是因為他懷著快樂的想法；如果他過得不幸，是因為他懷著沮喪、頹廢的想法。

一個人無論怯懦或勇敢、愚蠢或聰明、煩惱或安詳，其根源都在他的靈魂之內，絕不在靈魂之外。

外境的力量!?

說到此，我似乎聽見許多人大聲問道：「你真的認為外在的環境不會影響我們的心靈嗎？」

我並沒有這麼說。

我的意思是：「環境之所以能夠影響你，是因為**你願意**受它影響。」而且我相信這是一個絕對的真理。

你之所以會受環境左右，是因為你對思想的本質、用途和力量沒有正確的認識。

你相信（我們所有的憂傷與喜悅都來自我們的信念）外在的事物有能力讓你的生活變好或變壞，但這種想法會讓你屈服於那些外在的事物，承認你是它們的奴隸，而它們是你至高無上的主宰。

這種想法也會讓你賦予那些外在事物它們原本所沒有的力量。

但事實上，**你並不是屈服於這些外在的事物，而是屈服於你的頭腦因著這些外在事物而產生的憂傷或喜悅、恐懼或希望、力量或軟弱。**

我認識兩個人，他們在年輕時就損失了多年辛苦掙來的積蓄。

其中一個人非常苦惱，並開始變得懊喪、憂慮、消沉。另一個人在早報上讀到他存錢的銀行倒閉的新聞，意識到他損失了所有的錢財時，便小聲而堅定的說道：「呃，錢已經沒了。就算我因此而煩惱、憂慮也無法把它們拿回來，但如果我努力工作，就可以把它賺回來。」

於是，他開始更加勤奮的工作，並且很快就變得富有，而另一個人卻繼續為他所損失的金錢而扼腕，並抱怨他的「壞運氣」，也因此他一直為逆境所困。

事實上，後者只是被他自己軟弱、卑屈的想法給困住了。由於他以陰暗的想法來看待這個事件，因此，對他而言，金錢的損失是一個災厄。然而，對另一個人來說，金錢的損失反而是祝福，因為他用充滿力量和希望的想法來面對它，並且願意重新努力工作。

看住心念

如果人生的境況有能力讓我們幸福或不幸，那麼它們對所有人的影響應該是相同的，但事實上，同樣的境況發生在不同的人身上，結果卻有好有壞。這正足以證明——

決定結果好壞的並非境遇，而是當事人的想法。

一旦你體認到這一點，就能夠開始駕馭自己的思想，管理並訓練自己的心靈，並重建你的靈魂殿堂，去除掉所有無用而多餘的材料，讓自己懷著喜悅、祥和，充滿力量與生命、慈悲與愛心的想法，讓自己所思所想盡是美麗不朽的事物。

果真如此，你將會變得喜悅祥和、強壯健康、慈悲仁愛，並因著那些不朽的事物而美麗。

思想的物以類聚

正如同我們會用自己的想法來解讀各種事件，我們也會以自己的想法來看待周遭有形世界中的物體。

同樣的事物，有人覺得和諧而美麗，有人卻認為醜陋不堪。

有一天，一個熱愛大自然的博物學家在鄉下考察，途中他來到一座農場附近的一個泥水塘。

他一邊把泥塘裡的水裝進一個小瓶子裡，準備拿來放在顯微鏡底下做檢查，一邊熱切的向站在附近、一位沒受過什麼教育的農家少年講解池水中所蘊含的無數奧祕。最後，他說：「如果我們有能力或儀器來理解其中的奧祕，就會發現這泥塘中蘊藏了一百個……不，一百萬個宇宙。」

但那位頭腦簡單的農家子弟只是笨拙的說：「我知道水裡都是蝌蚪，而且很容易就抓到了。」

博物學家因為心中具備了各種有關大自然的知識，因此，他看到的是塘中的美麗、和諧與不為人知的奧祕。然而，農家少年的眼中，卻只看到一個令人討厭的泥水塘。

地上的野花常被漫不經心的路人隨意踐踏，但在詩人充滿靈性的眼中，它們卻是來自無形世界的美妙信使。

在許多人的眼中，海洋只是供船隻航行、有時會讓他們滅頂的單調水域，但對音樂家而言，它卻有著生命——他在千變萬化的波濤中聽到了神聖和諧的樂章。

凡夫俗子眼中的災難與混亂，對哲人而言卻是一連串能夠完全展現因果關係的事件。

在唯物論者的眼中，人生只是無盡的死亡，但神祕主義者卻在其中看到了令人欣喜的永生。

正如同我們以自身的想法來詮釋各種事件和物體，我們也同樣以自己的想法來看待他人的靈魂。

疑神疑鬼之人認為每個人都居心可疑；說謊的人相信世上絕無百分之百誠實的人；忌妒之人認為大家都在忌妒他；小氣鬼覺得每個人都覬覦他的錢財；昧著良心賺錢的人認為世上滿是沒有良心、亟於奪取他財富的人，因此他夜晚睡覺時枕頭底下都放著一把手槍；縱情聲色者則會把聖徒當成偽君子……

相反的，心懷仁愛之人認為眾生都值得他們的愛與悲憫；生性誠實、信任他人的人絕不會疑神疑鬼；性情忠厚、慷慨大度、會為別人的好運而歡喜的人幾乎不知忌妒為何物；已經體認自己內心的神性的人也會看到眾生（甚至包括禽獸）所具有的神性。

世人心中的想法最後都會實現，因為**在因果法則的作用下，他們所散發出的磁場會吸引相同磁場的人，並因而接觸到他們的同類。**

古諺有云：「物以類聚。」此語除了一般人所認為的意思，還有更深一層意涵——在思想世界裡，就像在物質世界一般，每個人都會和他的同類為伍。

心懷樂土

你希望別人對你友好嗎？那你自己就要做一個親切的人。

你希望別人對你說實話嗎？那你自己就要做一個誠實的人。

你給出什麼，就會得到什麼；你的世界是你的投影。

你是否一直祈禱並盼望死後能往生樂土？

告訴你一個大好的消息——

你現在就可以實現這個心願，活在樂土之上，因為宇宙到處都是樂土。

它就在你心中，等著你去發現、認識並擁有。

有一位知曉生命的法則的人曾說：「如果有人說：『看哪！天國就在這

裡』或『看哪！天國就在那裡』，千萬不要跟隨他們，因為上帝的天國就在你心中。」

你所要做的就是對此堅信不疑，並開始冥想，直到你了解為止。

而後，你要開始淨化並且構築你的內心世界。當你在這樣的過程中一次又一次得到啟示，而悟出一個個道理的時候，你將會發現——

當一個人能夠自我管理時，他將具有多麼不可思議的潛能。相形之下，外在的事物對他來說則**毫無影響力**可言。

如果你要匡正世人，
驅逐世上所有的罪惡與不幸，

讓荒野開出花朵，
讓荒涼的沙漠綻放出玫瑰，
你就要先匡正自己。

如果你要改變世人，
讓他們脫離長久以來被罪惡桎梏的孤寂，
修復所有破碎的心靈，
消除憂傷，
帶來甜美的慰藉，
你就要先改變自己。

如果你想治癒世人的宿疾，
終止他們的悲傷與痛苦，

帶來能夠療癒人心的喜悅，
並讓受苦者重獲安寧，
你就要先療癒自己。

如果你要喚醒世人，
讓他們脫離死亡與衝突的夢魘，
帶來愛與和平，以及不朽的生命之光，
你就要先喚醒自己。

日課

◦外境是你自身意識狀態的投射，所以——你的內在狀態才是最重要的。

◦你內心深處所隱藏的想法，遲早都會在你的外在生活中顯現。

◦物以類聚，你周遭的世界會表現出你的思想所塑造成的模樣。

◦環境之所以能夠影響你，是因為你願意受它影響。

◦一般人認為外在事物會讓自己變好或變壞，所以你才會受它們影響，這也會賦予它們原本所沒有的力量。

◦一個人能匡正自己的思想，就會有無限潛能，也不再受外在事物所左右。

Chapter

3

所有壞事都可能轉為福報

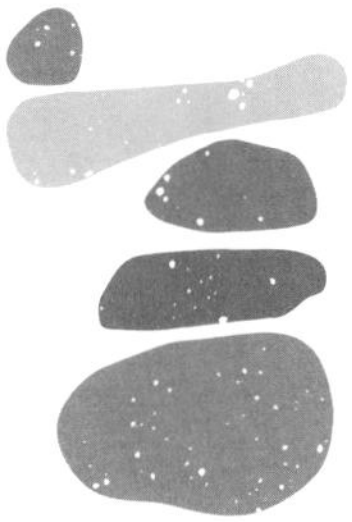

不要再抱怨，
不要再發愁了。
你所怪罪的這一切都不是讓你變窮的原因，
真正的原因在於你的內心。

當我們明白罪惡只是自我暫時投射在那至高「永恆的善」之上的陰影，而且這世界是一面鏡子，每個人在其中看到的都是自己的模樣時，我們便很容易進入更高的覺察層面，看出那至高的法則。

此時，我們將會明白：萬事萬物都涵蓋在一個**無窮無盡的因果循環**中，沒有任何事物可以背離此一法則。

意業

萬事萬物——從人們最瑣細的念頭、言語或舉動，一直到天體的組合——都受到因果循環這個至高無上的法則所主宰，絕無任何例外，否則就會否定並推翻這個法則。

因此，生命中的每個情境都互有關連，並依照一定的順序發展，而且每一個情境都是人自己造成的。

「種瓜得瓜，種豆得豆」是永恆的法則，沒有人可以否定、倖免或逃離。

人若將手伸進火裡，必然會被灼傷。無論他如何詛咒或祈禱，都無法改變這個情況，除非他將手縮回。

心靈的領域也適用同樣的法則。仇恨、憤怒、忌妒、淫慾、貪求都是灼人的火焰，人們只要碰觸它們，必定會遭受烈火焚身之苦。這些心態都是罪惡的一種。無知之人企圖藉此推翻那至高的法則，卻導致心靈的混亂與騷動。同時，仇恨、憤怒、忌妒、淫慾與貪求的念頭遲早會體現在外在的環境中，以疾病、失敗和不幸等形式出現，帶來悲傷、痛苦與絕望。

相反的，慈愛、溫柔、善良與純潔的想法就像清涼的微風，會使人平靜且安詳。同時，根據那永恆不變的法則，這些想法也會體現在外，使人擁有健康的身體與安寧的環境，並帶來成功與財富。

人們只要能夠完全理解這個貫徹宇宙的偉大法則，就會開始臣服於它。

永恆的善

當你了解**正義**、**和諧**與**愛**乃是宇宙至高無上的法則時，就會明白所有令人痛苦的逆境都是我們違反此一法則的結果。

當你明白了這一點，就會**變得很有力量**。

也唯有了解這一點，你才能過著**真正的生活**，並**享有恆久的成功與幸福**。

如果你遇到任何情況都能忍耐，並相信所有的逆境都是你必經的鍛鍊，你就不會被它們打倒，並且必然能夠加以克服。同時，你也無須擔心它們會再度降臨，因為只要你服從法則，就可以完全擺脫逆境。

服從法則的人，其實行事必然不會悖離法則。事實上，他自己本身就是法則——凡是他已經克服的，他必能夠永久克服；凡是他已經建立的，也必將永不毀壞。

我們的力量和軟弱全都源自我們的內心；所有的幸與不幸也都源自我們的內心。唯有檢視自己的內心，我們才能有所進步；唯有逐漸提升自己的知識，才能為未來的富足或安寧奠定穩固的基礎。

練心

你說你受到了環境的束縛，渴望能有更好的機會、更大的發展，以及更好的物質環境，或許你還暗自詛咒那將你捆綁的命運。

這本小書正是寫給你看的，我的話也是對你說的。請你仔細聆聽，並將我的話語烙印在你的腦海中，因為我對你說的都是真理——

如果你能從此刻起下定決心提升自己的心靈，就可以如願以償的改善你外在的生活。

我知道剛開始時，這條道路會顯得沉悶無趣（真理的道路總是如此，唯有罪惡和妄想的道路才會在一開始時具有吸引力），但如果你開始行走其中，堅持不懈的鍛鍊自己的心靈，根除自己的弱點，並允許你的靈性力量展現出來，你的外在生活將會發生令你驚訝的神奇變化。

如果你繼續在這條路上前進，你將會遇到**許多大好機會**，而且你也會有**能力**和**智慧**善用這些機會。**貴人**會自動出現在你身旁，**和你相契的靈魂**也會被你所吸引，一如指針被磁鐵所吸引。你**所需要的書籍和外援**都會自動向你報到。

抱怨損福

你或許為貧窮所困，形單影隻，沒有朋友，你熱切的盼望身上的重擔得以減輕，但是它卻沉重如故，於是你似乎陷入了愈來愈深沉的黑暗當中；你或許滿腹牢騷，為自己的命運而悲傷，你埋怨自己為何要降生於世，責怪你的父母或雇主，抱怨老天爺對你不公，讓你無端承受貧窮和困苦，但是卻讓別人過得富足安逸。

不要再抱怨，不要再發愁了。你所怪罪的這一切都不是讓你變窮的原因，真正的原因在於你的內心。要解決問題，必須從原因著手。

從你愛發牢騷這件事看來，你之所以會有這樣的命運，是你自己造成的。你缺乏信心，而**信心是所有努力和進步的基礎**。

在這個依照法則運行的宇宙中，**一個老是抱怨的人是無法生存的，而且憂慮也會戕害你的靈魂**。這樣的心態只會讓你更加無法掙脫自己所受到的捆綁，讓你因此陷入黑暗之中。如果你能改變你對生命的看法，你的外在生活就會跟著改觀。

你要根據這樣的信念和知識來提升自己，讓你自己配得更好的環境和更多的機會。

不輕小事

首先，你必須要確定自己已經充分利用了手中所擁有的資源。**當你無視於自己所擁有的小小優勢時，你就無法獲得較大的優勢**。就算你能夠，這樣的優勢往往也不會持久。很快地，你就會重回到了原點，以便去**學習那個被你忽略的功課**。

正如學童在學校裡必須修完一個年級的課程，才能晉升到更高的年級，在獲得你所企盼的更大優勢之前，你必須先充分利用你已經擁有的一切。

聖經裡那個託管錢財的比喻[1]正充分說明了這個道理。

它明明白白的告訴我們：

如果我們誤用、忽視或輕看我們所擁有的事物（無論它們是多麼平凡或微不足道），那麼就連這些事物也會被收回去，因為**我們的行為證明我們並不配得它們**。

或許你正住在一間小小的農舍裡，環境髒亂不堪。

[1] 有個財主打算遠行，他根據每個人的才幹將財產托給三位奴僕管理。前兩個人將錢拿去經商，賺得更多錢財，第三位奴僕卻只是將錢埋進土裡；主人回來後非常憤怒，將第三位奴僕手上的錢收回，交給另兩人打理。

你渴望有一個較為寬敞、衛生的住處，**那麼你就必須讓自己適合這樣的一個住處。**

首先，你要儘可能將你的農舍打造成一座小小的樂園，將它收拾得一塵不染，並在你能力所及的範圍內將它佈置得美麗而溫馨。即便粗茶淡飯，也要用心烹煮。即便你的餐桌很簡陋，也要將它擺設的雅緻宜人。

你若買不起地毯，就用親切的話語和耐心的態度在每個房間裡鋪滿微笑與熱忱。這樣的地毯即使曬到太陽，也不會褪色；這樣的地毯即便經常使用，也絕不會磨損。

當你如此這般改善你的環境之後，就能超越這個環境，不再需要它了。等到時機成熟時，你就能住進更好的房子，生活在更好的環境中。

事實上，那房子一直都在等著你，而現在的你已經成為適合它的主人了。

或許你渴望有更多的時間思考和做事，並且感覺自己的工作太過辛苦，工時也太長。那麼，請務必要充分運用你現有的少許時間。

如果你連現有的一點時間都白白浪費掉，那麼你要再多的時間也沒有用，因為到頭來你只會變得更懶散、更不懂得珍惜時間。

一念轉境

即使你的生活困苦、缺少時間和閒暇，那也並非如你所想像的那般是一種壞事。

你若因此而無法進步，那是因為你用軟弱的心態來看待這些情況。**所謂的壞事，那個「壞」其實存在於你的內心。**

你要努力體會這個道理：你只要改變自己的心態，就可以改變自己的命運。當你能夠自我克制，並因而對這一點有更深刻的體會時，你將會逐漸發現**這些所謂的壞事都可以轉變為福報。**

屆時，你就會將貧困視為培養耐性、希望和勇氣的契機。你也會因為沒有時間而緊緊抓住每個珍貴的時刻，因而變成一個更敏捷、更果斷的人。

正如同最惡臭的土壤裡可以長出最美麗的花朵，在最貧窮的環境中也可以培養出最優秀的人才。在有困難需要解決、有障礙需要克服的地方，美德最能蓬勃滋長並彰顯出它的榮耀。

或許你覺得你的雇主很霸道，對你很苛刻，也請你將這樣的情況視為一種必要的訓練，並以和善的態度對待你的雇主，寬恕他（她）對你的刻薄。你要保持忍耐，並持續自我克制，利用這樣的情況來鍛鍊自己，讓你的心靈變得有力量，以便將劣勢化為優勢。

你若默默的樹立一個榜樣，並發揮你的影響力，就可以教導你的雇主，使他逐漸以自己的行為為恥。同時，你也可以藉此提升自己的心靈，讓你有朝一日能夠進入更合適的工作環境。

自我的奴隸

不要抱怨你是奴才，要以高尚的舉止來讓自己超越奴才的水平。

在抱怨你是別人的奴才之前，你要先確定你不是自己的奴隸。

要觀照自己的內心，毫不留情的檢視自己。或許你會發現你有一些卑賤的思想和慾望，在日常生活和舉止中也有著一些卑賤的習慣——你要戰勝這些思想、慾望和習慣。

如果你不再是自我的奴隸，就沒有人能夠奴役你。你若能戰勝自己，就能克服所有逆境，化解所有困難。

不要抱怨富人壓迫你。你確定你有錢的時候不會同樣壓迫別人嗎？

記住那永恆的法則是絕對公正公平的。今天壓迫他人者明日也必受壓迫，這是他無法逃脫的命運。

或許你從前很有錢，並且曾經欺壓別人，因此你現在只不過是在償還你所欠下的債務罷了。所以，你要忍耐並且對未來懷抱信心。

你要時常以永恆的正義和永恆的善為念，努力讓自己超越個人的、無常的層次，進入非個人的、永恆的層次。

自憐即自戕

不要老是覺得別人在傷害你或欺壓你。如果你更深入的了解你的內心，以及那與思想相關的法則，你就會發現——

真正傷害你的，只不過是你內心的想法。

自憐，是最貶低、最傷害自己靈魂的做法。

自憐，就像在你的心裡擴散的一處壞疽。如果不將它去除，你將永遠無法擁有更充實的生命。

不要再譴責別人。要開始責備自己，不要放過自己任何一個不夠純淨或善良的舉動、慾望或想法。

你若能如此，就等於是將你的居所建立在永恆的磐石上。有朝一日，快樂幸福必定會前來向你報到。

你必須根除自己內心所有自私而負面的想法，才能永遠擺脫貧窮或各種逆境，因為它們都是你內心的投射。

你之所以會一再陷入這些逆境，都是這些想法使然。

要獲得真正的財富，唯一的方法便是培養美德，藉以豐富自己的靈魂。

如果你沒有真正的德行，你所獲得的財富和權力都只是假象。

惡人得享財富？

我知道有些毫無美德（也無意培養美德）的人確實賺了錢，但這些錢財並非真正的財富，他們只能暫時擁有它們。

大衛曾經說過：「我見惡人和狂傲人享平安就心懷不平……他們的眼睛

因體胖而凸出；他們所得的，過於心裡所想的……我謹守我心純潔實在徒然；我洗手表明清白也是枉然……我思索怎能明白這事，眼看實系為難，直到我進了神的聖所，才明白他們的結局。」惡人得享財富一事讓大衛受到很大的考驗。等到他進了神的聖所，才明白他們的結局。

你也可以進入那個聖所——它就在你的內心。

當你超越了所有不潔、自私及無常的想法，認識那放諸四海皆準的永恆法則時，你**所處的意識狀態**就是你的聖所。

那是有如上帝一般的意識狀態，是至高者的聖所。當你經過長久的努力與自律，終於進入其中後，你將會清清楚楚的看到人們的各種想法與作為（無論好壞）會導致何種後果。

那時，即便你看到不義之人累積財富，你的信心也不會因此動搖，因為你知道他必將再度落入貧窮落魄的下場。

富而無德之人與貧者無異。如此之人必定會逐漸邁向貧窮與災難，一如河水必然流向海洋。即便他死時仍然富有，他也必然會重回人世，因自己從前所造的惡業而受苦。

縱使他多次致富，他也必然會多次墮入貧窮，直到他歷經長久的體驗和苦難，戰勝他內在的貧乏為止。

外表貧窮、內心卻富有美德的人則是真正的富有。他雖然身處窮困，**卻正邁向富足之地**，且日後必得享無盡的喜悅與幸福。你若想獲致真正、恆久的富足，就必須先做一個有德之人。

因此，直接追求財富，視其為生命中唯一的目標，並且貪得無厭，並非明智之舉，終將以失敗收場。

相反的，人應該努力提升自我，以無私的服務他人為目的，懷著信心朝向那至高不變的善前進。

施福當下

你說你之所以追求財富，為的不是自己，而是為了行善，為了造福他人。

果真如此，財富必然會向你報到。在致富之後，願**以財富的管理者——而非所有人——自居的人**，才是真正剛毅無私之人。

但你要**好好檢視自己的動機**，因為大多數人雖然聲稱他們是為了造福他人而追求金錢，但其實他們真正的動機是要受人歡迎，成為世人眼中的慈善家或改革者。

無論你有多少財富，如果現在不用來行善，則當你日後更加富有時，必然會變得更加自私。縱使你表面上做了一些好事，但那只是為了贏得他人的讚美罷了。

你若真正想要行善，就不必等到有錢之後，**此時此刻**就可以開始。如果你真的像你所自認的那般無私，你現在就可以展現出來，為他人犧牲奉獻。

無論你如何貧窮，都可以做出奉獻。聖經裡的那位寡婦不就把她僅有的金錢都投入了奉獻箱嗎？

一個真正有心行善之人，絕對不會等到他有錢之後才開始付諸行動。他現在就會致力為鄰居、陌生人、朋友或敵人謀福，不會認為自己不配行善。

善財

果必由因而起。同樣的，**富足與力量也源自你內在的善，貧窮與軟弱則源自你內在的惡**。

金錢並非真正的財富，地位和權力也不是。一個人若僅僅依靠財富過活，就像立足於容易滑倒之處。

你真正的財富是你的美德，你真正的力量則在於這些力量的用途。

只要匡正你的心靈，就能改善你的生命。

慾望、仇恨、憤怒、虛榮、驕傲、貪婪、放縱、自利與頑固都是心靈貧乏軟弱的徵象；仁愛、純潔、溫厚、馴良、慈悲、慷慨、無我和捨己則是心靈富足堅強的指標。

當你戰勝了那導致貧乏與軟弱的因素，你的內心就會開始產生一股令人無法抗拒、足以征服一切的力量。一個人只要培養出高尚的品德，整個世界都會臣服於他。

窮人固然過得辛苦，但是富人也有他們的種種煩惱，並且往往比窮人更加不快樂。由此可見，**快樂並不取決於外在的資源或財富，而是取決於一個人的內心。**

或許你是一個雇主，而且你的員工總是讓你感到頭疼。當你好不容易找到可靠的幫手時，他們又很快離職。於是你開始對人性失去信心，甚至已經完全絕望。

為了改善這個情況，你試著提高工資並允許工人享有若干自由，但情況依然如故。在此，且讓我給你一些忠告——你的問題並非來自你的員工，而是你自己。

如果你觀照自己的內心，謙卑而真誠的探討自己所犯的錯誤，以便加以改正，你遲早會發現你所有煩惱的根源。

那可能是你的私心、猜忌或刻薄的想法。它或許並未透過你的舉止或言語表現出來，但卻會從你的內心散發而出，讓你周遭的人感到不舒服。

你要和善的對待你的員工，要設身處地為他們著想，不要讓他們從事你自己也不願從事的繁重工作。

員工若能忘卻自身福祉，謙卑地為雇主工作，是一種很美好的境界——可惜這樣的員工很少。

一個雇主若能忘卻自己的利益，為那些聽命於他、賴他餬口的員工謀福，是一種很高尚的情操——但這樣的雇主遠比前者更少。然而，這樣的雇主不僅快樂，也沒有必要抱怨他的員工。

一位知名的企業主雇用了大量員工，卻從不需要解雇其中任何一個。

他說：「我和員工的關係向來很好。」

「如果你問我是怎麼辦到的，我只能說我一開始所設定的原則就是：我希望我的老闆怎麼對待我，我就怎麼對待我的員工。」

這位雇主之所以能夠克服所有問題，讓一切順利圓滿，祕訣就在於此。

淨惡業

如果你說你很孤單，沒有人愛，「連一個朋友都沒有。」那麼，為了你自己的快樂著想，請你檢討自己，不要責怪別人。

你如果對人友好，自然很快就會吸引一群朋友。你如果是一個純潔可愛的人，自然能贏得所有人的愛。

無論你的生命因為任何情況而變得沉重，你都可以藉著淨化自己、戰勝自己來脫離並超越這些情況。

無論是貧窮（我是指讓人感到困苦的那種貧窮，而非那些已經解脫的人自願選擇的貧窮）所帶來的煩惱、財富所造成的負擔，或生活中的種種不幸、悲傷與困擾，都是**你的私心**所造成，只要能摒棄自私的想法，就能加以克服。

就算你過去有一些錯誤的想法和作為，有待你去解決或彌補，這並沒有關係——因為我們在人生中的每個時刻都會有一些新的想法和作為，而我們有能力決定它們的好壞。

一個人縱使因為自己所造的惡業而喪失了財富或名位，也不要因此而喪失他的毅力或品德，因為這兩者是他重獲財富、力量與幸福的憑藉。

緊緊抓住自我不放的人無異與自己為敵，也會到處樹敵。

一個人如果能夠放下自我，就不會受到傷害。他的身邊也會圍繞著一群朋友，保護著他。純潔的心靈會散發出神聖的光芒，驅散所有的黑暗與烏雲。

人若能征服自己，就能征服宇宙。

因此，你若要掙脫貧窮、痛苦、煩惱、嘆息、抱怨、心痛和孤單，就要先掙脫自我。請脫下襤褸的「自私」衣衫，換上簇新的「博愛」衣裳。屆時，你的心靈便是天堂，你周遭的一切也將宛如天堂。

一個人若能堅定的踏上戰勝自我的道路，拄著**信心**的杖竿，循著**自我犧牲**之道向前邁進，必然能過富足無比的生活，並得享豐沛、持久的喜悅與幸福。

在尋求至善者眼中，
萬事萬物各有其用；
世間無所謂壞事，
人的智慧能使所有的災厄昇華。

被憂傷的夜色掩蓋的星辰，
正等著綻放歡欣的光芒，
地獄是通往天堂的門廊，
黑夜過後，將出現來自遠方的燦爛金光。

失敗乃是階梯，
我們藉以登至高處。
損失會帶來收穫，

踩著堅定的步伐一路向上時，
會有喜悅相伴。
痛苦引領我們前往幸福，
並淨化我們的思想、言語與行動。
在通往生命峰頂的路途中，
有陰鬱的烏雲，也有燦爛的陽光。

災厄無法擋住通往成功的道路。
那路的盡處在高高的天上，
陽光明亮，燦爛耀眼，
正等著我們追尋與停駐。

懷疑與恐懼的濃厚烏雲，

籠罩在我們的希望之谷上方，
我們的心靈與陰影奮戰，
流下了苦澀的眼淚。

但所有的心痛、不幸與悲傷，
所有因關係破碎而造成的傷痕，
都是我們藉以高昇的台階，
帶我們通往健全的信念。

愛帶著憐憫守望，
切盼來自命運之地的朝聖者；
所有的榮耀與美善，
都等待著順服之人的到來。

日課

◦這世界是一面鏡子，每個人在其中看到的都是自己的模樣。

◦生命中的每個情境都互有關連，並依照一定的順序發展，而且每一個情境都是人自己造成的。

◦逆境是你必經的鍛鍊，真正傷害你的，是你內心的想法——檢視內心，提升意識，服從宇宙的因果法則，你就可以完全擺脫逆境。

◦一個老是抱怨的人是無法生存的，因為抱怨並無法解決問題——問題的根本原因，其實是在你的內心。

◦先從充分利用你手中所有擁有的小小優勢開始。

◦你的心態會決定你的命運，所有壞事都有機會轉為福報。

◦觀照自己的內心，毫不留情的檢視自己。

◦你要常以永恆的正義和善為念，想要獲得真正的財富，唯一的方法就是培養美德。

◦縱使你因為自己所造的惡業喪失了財富或名位，也不要因此喪失毅力或品德——這兩者才是重獲財富、力量與幸福的憑藉。

。無論你的生命因為任何情況而變得沉重，你都可以藉著淨化自己、戰勝自己來脫離並超越這些情況——曾有錯誤的想法和作為並沒有關係，因為人生中的每個時刻你都有機會用新想法和作為來取代錯誤的。

Chapter

4

思想的無聲力量

你必須每天練習讓你的頭腦安靜下來，
以寧靜的心取代煩惱的念頭，
以有力的想法取代軟弱的意念。

宇宙最強大的力量是無聲的。當一種力量得到適當的引導時，就會產生有益的作用，當它被誤用時，則會產生害處。其影響的大小視強度而定。

這是關於機械性力量（例如蒸汽和電力）的常識，但很少人知道我們可以將它運用在心靈的範疇。

我們的心靈會不斷產生思想，而**思想是最強大的一種力量，能帶來救贖，也能造成毀滅**。

起心動念形成萬有宇宙

人類進化至今已具有思想，現階段的進化目標則是完全駕馭這些思想。

人若能充分駕馭自己，便能得著世間所有的智慧。只不過，人往往成為思想的奴隸，如同水面的稻草一般，無助的漂浮在自私的水流上。

經書之所以教導世人「要愛你的仇敵」，就是勸誡我們要即刻開始掌握、主宰並改變控制我們的思想，以便得著那無上的智慧。

那些通曉至高法則的希伯來先知一再地指出——

外在的事件與內心的思想有關。他們認為，人民的思想和慾望攸關一個國家的禍福。

他們所做的種種預言都顯示他們明白思想的力量。人，唯有明白思想的力量，才能獲得真正的智慧與力量。

國家的禍福，只不過是人民思想的展現。

戰爭、瘟疫和饑荒是一些錯誤的思想交會、衝撞所產生的結果，是人心所造成的毀滅。

將戰爭的責任歸咎於某一個人（或一群人）是愚蠢的。

戰爭是人民的利己思想所造成的恐怖結果，是由無聲的、壓倒性的思想力量所造成。思想具有無聲的、壓倒性的力量，萬事萬物皆由思想顯化而成。

宇宙是由思想中誕生；物質只是思想的具體表現。

人類所有的成就都是先在思想中成形，然後才具體化。

作家、發明家和建築師都是先在腦海當中構思他們的作品，等到每一個部分都盡善盡美、完整而和諧之後，才開始將它們具象化，讓它們在物質或感官的層面成形。

當人的思想符合那至高的法則時，就具有建設性、保護性的力量，但若違反法則，就具有破壞力。

向內心觀照

當你調整自己的想法，對那無所不能、至高無上的善懷抱充分而堅定的信心時，你便是在與那善合作，此時，你便能消融、去除你心中所有的惡。**只要有相信，便可得著生命。**

進入那永恆之善的光，並將它體現出來，從而脫離那黑暗而負面的惡。這便是救贖的真義。

所有的恐懼、憂心、焦慮、懷疑、困擾、苦惱或失望，皆是源自無知與缺乏信心。人之所以會有這些心理狀況，都是因為自私，也是因為他們相信惡具有更大的力量。

因此，這些心理狀況可以說是無神論的產物，也因為如此，一個人如果活在這類毀壞靈魂的負面心理狀態當中，並且受制於它們，那便是真正的無神論者了。

人類所需要的救贖乃是擺脫這些心理狀態。任何人只要陷入它們的魔掌，難以逃脫，就不能宣稱自己已經得到救贖。

就像咒罵他人一般，**恐懼或憂慮也是一種罪**，因為一個人如果真正的相信永恆的正義、全能的善和無盡的愛，如何還會感到恐懼或憂慮呢？

人會恐懼、憂慮或懷疑，就是否定了那永恆的正義、全能的善和無盡的愛，不相信它們的存在。

人之所以會軟弱、失敗，都是這樣的心理狀態使然。**恐懼、憂慮、懷疑會瓦解正向的思想，使它們無法發揮作用**，促成好的結果。

人若能脫離這類負面的狀態，便能過著充滿力量的生活，不再是個奴隸，而是自己的主人。

要脫離這類負面狀態，只有一個方法——**不斷的探究自己的內心**。

信心不二

一個人光是否定惡是不夠的，還必須透過他日常的作為才能夠徹底的脫離它、了解它。同樣的，光是肯定善也是不夠的，還必須透夠不斷的努力，進入善的境界並了解其中的奧妙。

你若能適當的克制自我，很快的你就會明白思想的力量。其後，你便會有能力正確的加以運用和引導。

你愈能夠戰勝自己，駕馭自己的心靈（而非被它們所宰制），就愈能夠控制你的情況和外在的環境。

一個人如果一直處於消極無力的心理狀態，那麼，他無論做什麼都不會成功——即便成功了，也不會持久。縱使成功和影響力不斷敲著你的門，請你讓它們進來，但你若永遠在懷疑的沼澤中打滾，不斷掉入恐懼的流沙，或是一直被焦慮的風吹得搖搖晃晃，你就仍是一個奴隸，過著奴隸般的生活。

這樣的人因為缺少了信心，也無法自我克制，自然沒有能力適當的處理自己的事務，以至於會反反覆覆地受到境遇的牽制（**事實上，他是受到了自己的牽制**）。這樣的人唯有經過磨難才能成長。等到他歷經了慘痛的教訓後，就會從軟弱變得強壯。

信心和目標，乃是生命的動力。只要信心夠強大、目標夠堅定，沒有什麼事情是不能成就的。**只要每天都能夠保持信心，思想的力量就會日益集中。**只要每天都能夠堅定自己的目標，這些力量就會被導向這個目標，並且加以達成。

心多靜，福多深

無論你目前的境遇如何，如果你期望自己能夠成為成功、有用、具有影響力的人，就必須先學習如何做一個平靜安詳的人，以便讓你的心思得以專注。

或許你是一個商人，突然遇到了很大的困難或危險，你因此而害怕焦慮，自覺已經無計可施。

你如果一直處於這種心理狀態，那是很要命的，**因為你在感到焦慮之際，是無法做出正確判斷的**。

你不妨在安靜的清晨或夜晚，利用一、兩個鐘頭的時間，到一個清靜的地點或家中一個絕對沒有人會闖入的房間，放鬆的坐著，**回憶你的生命中某件**

令你愉悦或感到幸福的事情，藉此讓自己不要去想那件令人焦慮的事。如此一來，在不知不覺中，你的心思便會愈來愈平靜安詳，你的焦慮也會逐漸消失。

一旦你發現自己又開始焦慮起來，就要趕緊調整心情，使它重回平靜安穩的狀態。

當你充分做到了這點，就可以專心解決你的困難。這時，原本你認為錯綜複雜、難以克服的問題，會變得簡單而容易。你會知道自己該用什麼方法來解決、應該朝哪一個方向努力。這是因為——**唯有安詳平靜的心靈才能把事情看得清楚，也才能做出正確的判斷**。

你可能需要日復一日的嘗試，才能讓自己的心靈變得非常平靜。但如果你堅持不懈，一定可以做到。

如果你在心靈平靜時，想出了解決問題的方法，請一定要將它付諸實行。

毫無疑問的，當你回到原來的地方，又開始感到憂慮時，你一定會認為你之前想出的那個方法並不管用，甚至很愚蠢，**但請不要理會這樣的念頭**。

你要完全根據你在心情平靜——而非焦慮——時的想法行事。因為**人在心情平靜時，思路最清晰，所做的判斷也最正確**。

藉著這樣不斷的自我訓練，你可以將你那些紛亂的意念完全集中起來，像探照燈的光束一般聚焦於你目前所面臨的問題。如此一來，你的問題自然可以得到解決。

一個人只要心情平靜、意念集中，再大的困難都可以解決。

他如果能好好運用並引導自己的思想，所有的目標——只要是合理的——都可以達成。

如果你從來不曾深入探究自己的內心，並且戰勝潛伏在那兒的許多敵人的話，你將無從體會思想的微妙力量以及它和有形事物的緊密關連。除此之外，你也無法體會它在適當的引導下可以發揮多麼不可思議的力量，使你的境遇為之改變。

我念是最大的仇敵

你的每一個念頭都是你所散發出的一股力量——它根據它的性質和強度尋找那些願意讓它進駐心靈的人——再回過頭來影響你自己。

人們的心靈就如此這般不斷互相作用，思想也持續交流。

自私、令人不安的想法具有破壞性的力量，是惡的使者。它們會刺激並強化人心中的惡，然後再以更強的力道回到你自己身上。

平靜、純潔和無私的想法則是天堂的使者。它能夠抵消惡的力量，使人健康、幸福並獲得療癒。它能為焦慮、憂傷之人淋上喜悅的膏油，使破碎的心靈重新有了生命。

如果你懷著善良的想法，你在現實生活中很快就會遇到好事。如果你能駕馭自己的想法，你將可以隨心所欲的改變自己的境遇。

救星和罪人的區別在於——

前者能夠完全駕馭自己的想法，後者卻受它們宰制。

人若想獲得真正的力量和恆久的安寧，除了自我克制、自我管理、自我淨化之外，別無他法。你若任由自己的習性擺佈，將會變得軟弱、痛苦，成為一個無用之人。

如果你想把快樂、富足的金線織入你的生命之網中，就必須戰勝一己的好惡、愛憎、怒氣、懷疑、忌妒與種種不由自主的情緒。

你若受制於這些情緒，你在人生的道路上就必須依靠他人、仰賴外援。

你若想走得穩當，並有所成就，就必須學習超越並控制這些令人不安且會妨礙你前進的情緒。

內在之光

你必須每天練習讓你的頭腦安靜下來，**以寧靜的心取代煩惱的念頭，以有力的想法取代軟弱的意念。**

你若無法做到，就不可能專心解決你所遇到的問題或追求你想要的目標。因此，你必須將自己紛亂的心思集中起來，使它更有力量。

如果你把沼澤裡分散的水流集中起來，形成單一的渠道，並且將水排掉，原本無用的沼澤就可以變為良田或果園。

同樣的道理，人如果能保持心靈的平靜，並且克制、引導自己的思想，就能夠讓自己的靈魂得救，使心靈與生命結出果實。

當你能夠克制自己的衝動、駕馭自己的想法，你會開始感受到自己的內心有一股前所未有的力量正在默默滋長。

同時，你也能夠一直處於安穩、沉著、充滿力量的狀態。

這時候，你將會開始發揮自己潛在的能力，能夠從容而自信的完成以前做不到的事情，並取得成功。

除此之外，你的**內在之光**（也就是所謂的直覺）將會被喚醒。

從此，你將不再忐忑的行走於黑暗中，而是篤定的在光明中前進。

有了這內在之光後，你的判斷力和洞察力都會大大增強，甚至會發展出未卜先知的能力，讓你可以覺察到即將發生的事，並且準確預知你所做的努力會有什麼結果。

你的想法改變之後，你對生命的看法也會隨之改變；你對他人的態度改變之後，他們對你的態度和行為也會跟著改變。

當你超脫了那些層次較低、具有破壞性、使你軟弱的想法之後，你會接觸到由那些強壯、純潔、高尚的心靈所散發出來的正向意念。

這樣的意念能使人向上提升，變得更有力量。你將會變得比從前**快樂**許多，並開始體會那唯有戰勝自我之人才能獲得的**喜悅**與**力量**。

這種喜悅與力量會從你的內在不斷地散發出來；即便你並未刻意做任何事

情，也會不自覺的吸引那些有力量的人，使你自然而然具有影響力——**隨著你的想法改變，外在的情境也會跟著改變**。

「人的仇敵往往是自家人。」

一個人如果希望自己變得強壯、有用、快樂，就不能再被動的接收負面、卑屈、汙穢的思想。

他必須像一個懂得指揮僕役做事，並且會邀請親友前來作客的賢明主人一般，學習如何駕馭自己的慾望，並且威嚴的宣示哪一類的想法才能進入他的靈魂宅邸。

一個人若努力戰勝自我，哪怕只做到**一小部分**，他的力量也會**大大增強**。

要是能夠完全做到這點，他將會得著意想不到的智慧，他的內心也將會變得平靜安詳、充滿力量。

與此同時，他將會發現——

宇宙間所有的力量都在協助、保護著他。

你若想進入最高的天堂，
就要懷著美麗的夢想。
你若想墜入最深的地獄，
就沉浸在卑劣的念頭中吧！

你的想法是你頭頂的天堂，也是你腳下的地獄。

人生的幸福或痛苦，
取決於你的思想。

世界因思想而成形，
榮耀只存在於夢想中。
千百年的盛衰起伏，都源自那恆久的思想。

思想的力量如此強大，
足以決定命運。
榮辱、憂傷、愁苦、愛恨，
不過是它的偽裝。

如同無色的白光，

是由彩虹的顏色所組成，
宇宙的千變萬化，
也盡在那永恆之夢中。

那夢就在你心中，
做夢的人等了很久，
等著早晨將他喚醒，
讓他看清思想的力量。

它將使理想成真，使惡夢絕跡，
在那純潔、完美之人所居住的神聖殿堂。

心懷邪念就是惡，

心懷好意就是善，
光明與黑暗、罪惡與純潔，
同樣都出自思想。

心懷高尚的思想者，
將看見高尚的事物。
一心向上之人，
也將置身於高處。

日課

。思想是最大的力量，萬事萬物（包國家的禍福）皆由思想顯化而成——我們的目標是完全駕馭思想，當思想符合至高法則，就會具有建設性、保護性的力量。

。人會恐懼、憂心、焦慮、懷疑、困擾、苦惱或失望，是因為自私、無知和缺乏信心，並相信惡具有更大的力量——要擺脫這些負面狀態，你必須不斷地探究自己的內心。

。一個缺少信心、無法自我克制的人，就會需要「磨難」來助他成長。

。先學習做個平靜安詳的人，才能夠專心解決眼前的困難，這是因為——唯有安詳平靜的心靈才能把事情看得清楚、才能做出正確的判斷。

。請根據你心情平靜時的想法行事。

。戰勝一己的好惡、愛憎、怒氣、懷疑、忌妒與種種不由自主的情緒，才會感到內心有一股前所未有的力量在滋長，喚起內在之光（直覺）。

Chapter

5

重返至善境界

健康與成功是攜手並進的，
因為兩者在思想的層面密不可分。
心靈的和諧會帶來身體的健康，
也會使人做起事來順利無比。

我們都記得，自己在孩提時代是如何欣喜的聽著大人講述那令人百聽不厭的童話故事。

我們也都記得，自己又是如何急切的想要知道，故事中的小孩如何逃離壞心的巫婆、殘酷的巨人或邪惡的國王所設下的陷阱。

當時，我們那小小的心靈從不會擔心故事主角的命運，也相信他們必定可以戰勝所有的敵人，因為我們知道仙女是絕對可靠的——她們絕不會背棄那些善良誠實的人。

當我們看到仙女在關鍵時刻終於使出魔法，驅散所有的黑暗，解決所有的麻煩，讓故事中的主角得以實現願望，從此「過著幸福快樂的日子」時，我們的心中總是充滿了無法言喻的歡喜。

然而，當我們年紀漸長，日益了解所謂的現實生活，我們便忘卻了那美麗的童話世界，認為其中的人物都是虛幻、不實的存在。於是，我們從此告別了兒時的夢幻世界。

最大的保障

我們認為這是我們智慧、能力增長的表現。然而，當我們在奇妙的智慧國度裡再度成為一個稚子時，我們將會發現——

童話中的那些精靈與仙子竟然**真的存在**。

在童話的世界當中，那些精靈與仙子雖然體型小巧，而且幾乎總是無影無形，卻擁有可以解決一切問題的神奇法力，會賜給好人健康、財富、幸福，以及許許多多來自大自然的禮物。

當一個人的智慧增長，明白了思想的力量和內心世界的法則之後，將會再度發現：

世上真的有精靈與仙子——它們是靈魂王國裡的不朽存在。

這些精靈與仙子居住在思想的世界裡，是思想派來的使者。它們會根據那至高無上的善的法則，行使它們的魔力。

因此，在現實世界中，人們若能日復一日的努力，讓自己的心靈達到至善的境界，便能夠獲得真正的健康、財富與幸福。

善是我們最大的保障。我所謂的「善」，**並非那些符合道德規範的行為**，而是純潔的思想、高尚的抱負、無私的愛，以及不虛榮、不賣弄的心態。

你若心中常懷善念，就會散發出美好、強大的氣場，讓所有接觸到你的人都留下深刻的印象。

如同太陽升起後，陰影便無從抵擋，會即刻退散，一顆充滿信心與力量的純潔心靈所懷有的積極思想也會散發強烈的光芒，讓惡的勢力無從抵擋，並因而逃亡潰散。

人若有堅定的信念和一顆純潔無暇的心，必然可以擁有健康，並且獲得成功與力量——這是因為在這樣的人身上，疾病、失敗與災難找不到養分，因此無處容身。

心病

事實上，一個人的健康狀況有很大一部分取決於他的心理狀態，而且目前已經有愈來愈多的科學家注意到這個事實。

過去，唯物主義者一度認為：人的一切都是受到身體的影響。不過，這樣的觀念已經過時了。現在，人們相信人可以超越自己的軀體，並且認為人可以藉由思想的力量來影響自己的身體。

時至今日，人們已經不再相信：一個人之所以灰心喪志是消化不良所造成的。事實上，他們已經逐漸明白：一個人之所以消化不良，是因為他對人生感到絕望。在不久的將來，大家將會普遍了解到一個事實——**所有的疾病都源自於心靈**。

世間的惡皆源自心靈。

事實上，罪惡、疾病、憂傷與痛苦並非宇宙的一部分，也不是萬物的本質，而是因為我們不明白萬物間的關連所致。

據說，印度曾經有一派哲學家，他們過著極其純淨、簡單的生活，因此往往都能活到一百五十歲。在他們看來，生病是一件令人羞愧、無可原諒的事，因為這代表你違反了宇宙的法則。

因此，疾病並非神明受到冒犯後隨意降予世人的災厄，也不是上天給予人類的考驗，而是我們本身犯錯或犯罪的結果。

我們愈早體認到這點，就能愈早踏上通往健康的大道。

疾病是人自己吸引來的，只有身心都願意接受疾病的人才會生病。一個人如果思想有力、純潔、積極，就會散發出具有療癒能力、使人恢復生命力的氣場，使他不受疾病的侵害。

假使你經常心懷憤怒、憂慮、忌妒、貪婪或處於不和諧的心理狀態，另一方面卻期望身體健康，那是不切實際的，因為你正不斷在自己的心靈中播撒疾病的種子。

聰明人會極力避免讓自己處於這類心理狀態，因為他知道這些情況遠比排水管堵塞或房子受到汙染更加危險。

你若想免於身體上的痛苦、擁有健康的身體，就要調整自己的心靈，讓你的思想變得和諧。

你若能懷著喜悅、仁愛之心，讓善意的靈丹妙藥流經你的血脈，就不需要其他藥物；你若能放下嫉妒、懷疑、憂慮、仇恨的情緒和自私的愛好，就不會有消化不良、膽汁過多、神經緊張或關節疼痛等毛病。

你若一直處於這類令人衰弱、洩氣的心理狀態，當你病倒時，就別抱怨。

以下這個故事說明了心理習性與身體狀況之間的密切關連。

有一個人生了一種病，讓他痛苦不堪。他看了一個又一個醫生，但都無濟於事。

後來，他聽說有幾個城鎮的水具有療效，便前往嘗試。沒想到，在那些地方的池水中泡澡過後，他的病不但沒好，反而更嚴重了。

有一天晚上，他夢見一個精靈來到他面前，對他說：「老兄，你試過所有的療法了嗎？」

他答道：「是啊，所有的方法我都試過了。」

「不！」精靈說，「你跟我來，我帶你去一處你沒聽說過的浴場。那裡的水可以治病。」

於是，他便跟著精靈走了。那精靈將他帶到一池清水旁邊，對他說：「你如果跳進這水裡，你的病一定會好。」說完，它就消失了。

於是，那人便跳進了水裡。當他出來時，發現自己的病真的好了。這時候，他看到池水上方寫著「放棄」兩個字。他醒來後，突然悟出了這個夢的真義。經過自省後，他發現自己一直都沉迷於一種不道德的嗜好中，於是他發誓要從此放棄這個嗜好。

後來，他真的做到了。從那天開始，他的病就逐漸痊癒。不久之後，他就完全恢復了健康。

工作過度？

許多人都抱怨他們之所以會生病，是因為工作過度。事實上，其中**大多數人之所以生病，多半是因為他們無端浪費自己的精力所致。**

如果你想擁有健康，就必須學習如何減少工作的阻力。

如果你經常感到焦慮、興奮或擔心一些無關緊要的細節，很可能會讓自己的身體垮掉。

事實上，無論是運用腦力或付出體力工作，對人都是有益的，能夠使人變得健康。一個人如果能夠持續穩定、從容的工作，全神貫注於手邊的事務，不焦慮，也不煩惱，那麼，他的成就將會遠遠大於一個總是倉促匆忙、焦慮擔心的人。不僅如此，他還可以保持健康，不像後者那樣——很快的就把自己的身體搞垮了。

健康與成功是攜手並進的，因為兩者在思想的層面密不可分。心靈的和諧會帶來身體的健康，也會使人做起事來順利無比。

如果你的思想有條有理，你的生活就會井然有序。如果你將「寧靜」的油倒在那充滿激情和偏見的洶湧水域上，那麼，當你的靈魂之船航行在生命的大海時，無論這艘船如何遭受「厄運」的暴風吹襲，它都不會沉沒。如果你能夠以堅定的信心歡歡喜喜的駕駛這艘船，它的航程就會更加的安穩，並且可以避開許多危險。

從信心開始

每一件必須持續很久的工作都是靠著信心的力量完成的。

你要對宇宙最高的存在有信心，對那至高的法則有信心，對你的工作有信心，並且相信你有能力完成這項工作。你若希望有所成就、不想失敗，就得將你的工作建立在信心的基石上。

所謂的「信心」是——在任何情況下，都要聽從內心最崇高的指令；忠於你的神性，照著你內在之光（你內心的聲音）的指引，以一顆無畏而平靜的心追求你的目標，相信你的每一個念頭和努力一定會為你帶來應得的獎賞，明白宇宙的法則永遠適用，而且你所付出的一切必然會等量回到你的身上。

你要依照這樣的信心生活。這樣的信心足以讓你渡過變幻莫測的黑暗海域、征服困難的高山，使你不致受到傷害。

親愛的讀者，請你努力建立這大無畏的信心。它將是你無價的財產、你的護身符，為你帶來快樂、成功、安寧、力量，以及所有促使生命偉大並超越苦難的事物。你若將你的人生建立在這般的信心上，便是以不朽的材料將你的人生建立在永恆的磐石上。世間的榮華富貴到頭來終將化為齏粉，但你所建造的一切卻永遠不會瓦解。

無論你墜入憂傷的深淵，或登上喜悅的高峰，都要保持這樣的信心，將它視為你的庇護所，並將你的雙腳堅定的踩在它那不朽、不變的基礎上。

你若具有這般的信念，你的心靈就會變得強大無比，足以瓦解所有朝你撲來的邪惡力量，一如摔碎玻璃玩具一般。同時，你將獲致那些一味追求世俗名利之人所無法想像的成就。一如經書所言：「如果你們有信心，不懷疑，不但能做此事……就是對這座山說『移開，投到海裡去』，也必成就。」

思想改變命運

當今世上，已經有人具有這般的信心。他們活在信心之中，並且日復一日的據以行事。

在歷經嚴格的考驗後，這樣的信心也為他們帶來了榮耀安寧。有了這般的信心後，他們便不再感到憂傷與失望，心靈的疲倦與肉體的疼痛也都被他們拋諸腦後。

你若擁有這般的信心，就無須再為自己的成敗憂心，因為成功會**自動**前來向你報到。

你無須擔心你的努力是否會有成果。你會帶著喜悅安詳的心情工作，因為你知道有了正確的想法和適當的努力，必然會產生美好的結果。

我認識一位生活非常幸福的女士。最近，有一位朋友對她說：「喔，妳的運氣可真是好啊！想要什麼就有什麼。」表面上看來確實如此，但實際上這位女士所擁有的幸福都是她今生不斷修煉自己的心靈帶來的結果。

光有期望，只會失望。唯有實踐才能達成所欲。

愚昧之人只有願望，沒有行動，一旦願望無法達成，便開始抱怨；聰明人卻會埋首工作並靜心等待。

這位女士也是如此，她一直在自己的外在和內在（尤其是在心靈上）下功夫，以她那雙無形的心靈之手，用信心、希望、喜悅、忠誠與愛心等珍貴的石頭，建造了一座美好的光之殿堂，讓她的身上永遠散發出燦爛的光芒。

這樣的光芒透過她的眼睛、面容和聲音散發出來，所有接觸到她的人都感受到它的魔力。

你的情況也是如此。

你的成功、失敗、影響力和你的整個人生都在於你，因為**你的核心想法會決定你的命運**。

你若散發出純潔無暇、快樂幸福、充滿愛的意念，福氣就會自動降臨在你身上，你也會過著安詳寧靜的生活。你若散發出怨恨、不潔、痛苦的意念，就會遭遇各種禍害，讓你充滿恐懼、不得安寧。

無論你的命運如何，都是你自己造成的。你的意念時時刻刻都會散發出來，決定你一生的成敗。

你若能讓自己的心靈變得寬闊、溫暖、無私，即使你賺的錢不多，你也會很有成就，並且對他人有很大的影響力。你若心思狹隘，只在乎自己的利益，就算你成了百萬富翁，你的成就和影響力還是微乎其微。

因此，你若能培養純淨無私的精神，又有純潔的心靈、堅定的信心與專一的目標，那麼你不僅會擁有健康的身體、長遠的成就，也會成為一個偉大、有影響力的人。

有力量的人

若你目前的職位並不理想，所做的工作也非你所願，你還是要兢兢業業、勤奮認真的做好自己份內的工作。你要安心等待，因為有更好的職位和更棒的機會正在等著你。

不過，在此同時，你也要積極留意各種可能性，以便在關鍵時刻到來、新機會降臨時，因為能夠自我管理而具備智慧與遠見，足以勝任新的工作。

無論你眼前的差事如何，請投注你最大的能量，全心全意的將它做好。**你若能將小事做的盡善盡美，必然會被賦予大任**。

只要你踩著穩健的腳步不斷向上，就永遠不會跌倒。這是獲得真正力量的祕訣。

你要透過不斷的實踐，去學習如何節省自己的資源。無論在任何時刻，都要將這些資源集中起來，用在某個特定的地方。

只有愚昧之人，才會將自己的心靈能量浪費在無謂的小事、荒謬的閒談、因私利而起的爭執，乃至耗損精力的聲色之娛上。

你若想獲得能戰勝一切的力量，就努力讓自己從容鎮定、不為外力所動。

也就是說：**你要能夠自立自強**。

所有的力量都具有「不可移動」的特質，山峰、巨岩、風吹不倒的橡樹之所以顯得充滿力量，正是因為它們獨立不群、不受外力影響，而流動的沙子、柔軟的枝條和款擺的蘆葦之所以顯得軟弱，正是因為它們無法對抗外力，會隨之移動，而且一旦脫離同類，便毫無用處。

當眾人都受到某種情緒或激情影響時，仍能保持平靜從容、不為所動者，便是一個有力量的人。一個能夠指揮自己、駕馭自己的人才能指揮別人、駕馭別人。

歇斯底里、心懷恐懼、沒有想法、輕浮無聊的人才需要成群結黨，否則他們便會因為乏人支持而倒下，然而，平靜、無畏、有想法的人有能力獨自在森林、荒漠和山頂生活，並因此變得更有力量，而且更有能力阻擋那吞沒世人的心靈洪流。

激情並非一種力量，而是力量的濫用、力量的分散。

激情就像吹襲岩石的猛烈暴風雨，而力量則像是受暴風雨吹襲時默默無聲、不為所動的岩石。

當年，馬丁路德意欲前往沃木斯時，他的朋友擔心他可能遇險，便紛紛加以勸阻。不過，馬丁路德答道：「就算沃木斯的魔鬼多如屋頂上的瓦片，我還是要去。」

這就是真正的力量！

班傑明・迪斯雷利（Benjamin Disraeli）初次在英國的議會發表演講時，因為忘詞而遭議員們嘲笑。當時，他大喊：「總有一天，你們會認為能聽我演講是一種榮幸。」

這也是一種力量。

我認識一位年輕人。他不斷遭遇各種挫敗和災難。他的朋友們嘲笑他，並勸他就此收手。

他說：「不久的將來，我所得到的財富和成就會讓你們感到驚訝。」

他所展現出的，便是那種靜默無聲但無堅不摧的力量。這樣的力量讓他後來得以渡過無數困境，並獲得成功。

習得力量

你如果沒有這種力量，可以透過練習來獲得。正如培養智慧的做法一般，剛開始時，你必須避免做一些瑣碎無聊、毫無意義的事情。

大聲狂笑、中傷他人、蜚短流長、為了搞笑而搞笑，這些都是浪費你寶貴能量的行為，必須加以避免。

聖保羅曾經提醒以弗所人：「妄語和戲笑的話都不相宜。」這充分顯示他洞悉人類成長的奧祕，因為一個人若習於從事這類活動，將會毀壞自己的靈性與生命。

當你能夠避免這類浪費心神的行為，就會開始了解真正的力量為何物。這時候，你才能開始和那些桎梏你的靈魂、讓你無法獲得力量的強大慾望搏鬥，並且更上一層樓。

最重要的是，你的目標要專一。

你要設定一個合理而有益的目標，全心全意、毫無保留的朝著它前進。

不要因為任何事物分心，一定要記住：**一個三心二意的人，無論做什麼事情都不牢靠。**

你要熱切的學習，但不要輕易求助。

要對你所做的事情瞭如指掌，讓它成為你的一部分。

你若聽從內在的指引，朝著你的目標前進，就能夠一路過關斬將，日益進步。而隨著你的眼界日益寬廣，你也會逐漸看清生命的美麗與意義。

你若能淨化自我，必可獲得健康；你若具有信心，必能有所成就；你若能自我管理，必然強大無比，所有的事情皆可成就——因為此時你已經和宇宙的生命及永恆的善合而為一，不再是一個受到自我奴役、背離偉大法則的個體。

至此，你將得以長保健康，並成就世人所無法想像且流傳千古的事業；你的影響力也將與日俱增，因為它將成為宇宙亙古法則的一部分。

因此，身體健康的祕訣是：**擁有一顆純潔的心和一個清晰的頭腦**。成功的祕訣是：**堅定的信心以及正確的目標**。力量的祕訣則是：**以堅定的意志力遏制那有如野馬一般奔竄的慾望**。

所有的道路都等著我行走，
無論它是亮是暗、是狹窄或寬闊，
無論它是好是壞、是高是低，
是生機蓬勃、抑或一片死寂。
我將隨意踏上其中一條，
並行走其上，
以知曉它的好壞。

我若能下定決心，
走上那狹窄、崇高、神聖、純潔的道路，
停留其上，
無視於他人的嘲笑與譏諷，
穿越荊棘的路徑，

前往繁花盛開的草地，
所有的美事都必將降臨。
我若時時刻刻秉持愛心與耐心，
保持純潔的心靈，
永不背離正直的道路，
便可抵達健康、成功與力量所在之處，
並終將得見那不朽的樂土。

我可以尋求並得見；也可有所成就。
我不能擁有，但可失而復得。
我無法豁免於生命的法則。
若想終止苦痛，
讓靈魂再度充滿光明與生命，

並且不再哭泣，
我就必須匍匐於法則之前。

讓我不再傲慢、自私，
企圖要求所有的好事。
讓我謙卑的尋求並得見、了解並體會。
讓我踩著神聖的腳步邁向智慧。
我無法擁有或控制任何事物，
只能嘗試理解世間的一切。

日課

。世上真的有「精靈」和「仙子」——它們是靈魂王國裡不朽的存在。

。善——純潔的思想、高尚的抱負、無私的愛、不虛榮與不賣弄的心態——是我們最大的保障。

。一個人的健康狀態，有很大一部分取決於其心理狀態。疾病是人自己吸引來的，只有身心都願意接受疾病的人，才會生病。

。並不是工作過度才導致疾病，而是你無端浪費了自己的精力——你必須學習減少工作的阻力。

。健康與成功是攜手並進的。

。你必須努力建立大無畏的信心，這樣的信心會讓你的心靈無比強大，能為你自己帶來榮耀和平靜。

。不要光只期望，唯有實踐，才能達成所想要的一切。

。不要把自己的心靈能量浪費在大聲狂笑、中傷他人、蜚短流長、為了搞笑而搞笑……，而是要專注在自己的目標上。

Chapter

6

離開自己創造的地獄

在心靈上，
快樂跟和諧是同義字。

許多人很不快樂，渴望能變得快樂。窮人大多企求財富，他們相信自己擁有財富之後，便會從此快樂無比；富人雖然要什麼有什麼，卻因無聊和過多的財富而受苦，甚至比窮人更不快樂。

快樂

如果我們思考這樣的狀況，最終就會了解一個重要的真理：快樂不只是來自外在的財富，痛苦也並非源自物質的匱乏，否則窮人必定都很痛苦，而富人必然都很快樂，但情況往往正好相反。

在我所認識的人當中，有些人家境富有、生活豪奢，卻感到很痛苦；有些人的收入僅夠溫飽，卻活得開朗而快樂。

許多富人都承認：他們有錢之後，因為慾望都得到了滿足，反而失去了生活的樂趣——他們發現自己有錢之後反而不如貧窮時快樂。

然則，快樂是什麼？我們如何得著快樂？快樂是否並不真的存在，只是我們自己的妄想？是否只有痛苦才持久？

我們如果認真的觀察並思考，將會發現——

除了那些有智慧的人之外，所有人都相信我們唯有在慾望得到滿足之後，才會感到快樂。

這個出於無知、並且因自我的慾望而不斷增強的信念，乃是世上所有不幸的根源。

慾望

我所說的「慾望」，並不僅限於層次較低的動物性慾望，也包括存在於較高的心靈層次的慾望。

後者的力量遠比前者強大，也更加微妙、不易察覺，然而，許多知識分子和文人雅士都淪為這些慾望的奴隸，失去了他們靈魂中原有的純淨、和諧與美麗，因此無法快樂起來。

大多數人都承認自私自利的心態是世上所有不快樂的根源，但是，**他們都有一種錯覺，認為自私自利的都是別人，不是自己。**

當你願意承認你的痛苦全都源於自己的私心時，你就離天堂的門不遠了。

但是，**只要你相信你之所以不快樂，都是他人的自私所造成的，你就會一直待在自己所創造的地獄中。**

快樂，是人的內心感到全然滿足、喜悅安詳、毫無慾望的一種狀態。因為慾望得到滿足而獲致的滿足感，是短暫而虛幻的，而且之後必然會產生更多的慾望。

慾望有如海洋，永無填滿之日。就算得到滿足，也只會更加大聲喧鬧。

它會要求那些受騙的信徒提供愈來愈多的服務，直到他們因身體或心靈無法承受而倒地，飽嚐痛苦。

慾望是地獄的轄區，是所有痛苦形成的地方。

放下慾望，就能置身天堂，所有的快樂都在那裡等著你。

放下自我

「欲尋身後路茫茫，
自遣離魂到大荒。
魂魄歸來唯一語：
『我兼地獄與天堂。』」

天堂與地獄都是我們內心的狀態。你如果只在乎自己，只顧著滿足自身慾望，就形同置身地獄；你能夠超越自己，進入無我、忘我狀態，就無異於置身天堂。

自我是盲目的，沒有判斷力，也不具備真正的知識，這必然會帶來痛苦。

你唯有處於靈性的狀態，才能有正確的知見、客觀的判斷力和真正的知識，也才能明白何謂真正的快樂。

只要你持續追求一己的快樂，就無法真正的得到快樂，並且還會播撒不幸的種子。只要你能忘卻自我，為他人服務，快樂就會前來向你報到，你也將獲得許多福報。

唯有愛人，而非被愛，
我們的心才得以蒙福；
唯有給予，而非追求，
我們才能獲得滿足。

你渴望什麼、需要什麼，
就給予他人！
如此你的靈魂才會得到滋養，
你也才真正活著。

你若抓住自我不放，就是緊抓住憂傷不放。**你若放下自我，就能夠獲得安寧。**追求私利不僅讓你無法得到快樂，甚至會使你失去快樂的泉源。

貪吃之人不斷追逐新奇的美食，以刺激他那已經麻痺的胃口，但因為身材臃腫、體重過重、病痛纏身，他很少能感受飲食的樂趣。

相反的，人若能夠節制胃口，不追逐美食，甚至完全不以口腹之慾為念，則即便粗茶淡飯，他也吃得津津有味。

人們從自我的觀點，將慾望的滿足視為帶來快樂的天使，但得著後才發現它是造成不幸的魔鬼。「凡追求自己生命的，必失去生命；凡失去生命的，必得到生命。」確是至理名言。

當你不再緊抓著自我，願意放下它時，恆久的快樂就會前來向你報到。**自我只是無常之物，無論你是否緊抓不放，終有一天都會失去**，而當你願全然放下時，你將會發現你原先所以為的痛苦損失居然是無比的收穫。

但如果是為了某些好處去放棄，那可就是世間最大的妄想，也是不幸的主要根源。只有願意放棄並承受損失，才是我們應該過的生活。

若我們始終都把生活的重心放在那些必然會消逝的事物上，怎麼可能找得到真正的快樂？**唯有把心思放在永恆的事物上，才能找到恆久而真實的快樂**。

因此，你若能超越自己對無常事物的執著與渴望，就會進入永恆的意識。當你超越了自我，並且愈來愈能體現純潔、犧牲與博愛的精神時，你就會聚焦於這永恆意識，並獲得恆久的快樂。這樣的快樂不僅沒有不良的後果，也永遠不會消失。

快樂、和諧、愛

能無私無我的關愛他人者，不僅快樂無比，甚至已經達到了不朽的境界，因為他已經體現了神性。

你若回顧過往，將會發現你一生中最快樂的時刻是在你說出慈悲的話語或做出利他的行為時。**在心靈上，快樂跟和諧是同義字**。

「和諧」是那至高法則的一個面向，表現在心靈方面就是「愛」。所有自私自利的行為都是不和諧的；人若自私自利，就違反了神聖的法則。

博愛就是對自我的否定。當我們實踐了博愛的精神，我們就能夠和那神性的樂音、那宇宙之歌處於和諧共振的狀態，這時，我們就會聽見那妙不可言的旋律——真正的快樂。

世人上山下海，盲目的追尋快樂，但卻徒勞無功。事實上，他們將永遠無法獲得快樂，除非他們體認到——快樂已然在他們的心中，瀰漫在他們四周，充斥於天地之間。只是，人們卻因為汲汲營營追求私利而將自己阻絕於這樣的快樂之外。

我追逐著快樂，想得到她，

但她的腳步飛快，忽焉而逝。
我行經高聳的橡樹與搖曳的蔓藤，
越過山坡與深谷，穿過原野與草地，
行經紫花綻放的山谷，越過奔騰的溪流，
登上鷹隼呼嘯的絕壁，走遍海角天涯，
但卻一直未見她的蹤影。

我疲累暈眩，不再追逐，
便跌坐在一處荒涼的海濱憩息。
有人前來乞食或求我賙濟，
我便將麵包和金幣放在他們瘦削的掌上。
有人前來尋求安慰，有人前來歇息，
我便盡己所能與他們分享。

此時，我看到那神聖甜美的快樂，
正站在我的身旁，對我輕聲低語：「我是你的。」

柏利（Burleigh）的這些美麗詩句說明了快樂的祕訣。

你若能放下自己對無常事物的追求，便能立刻進入無我的、永恆的層次。你若能放棄那狹隘的自我，不再一味追求小我的利益，便能晉升到天使的國度，進入宇宙之愛的核心。你若能在他人的憂傷中忘卻自我，並全心全意照料他人，便能享有神聖的快樂，並免除所有的憂傷與痛苦。

「我用一個善念邁出了第一步，用一句好話邁出了第二步，再用一件善事邁出了第三步。就這樣，我進了天堂。」你也可以用同樣的方式進入天堂。

天堂不在彼岸，就在人世。唯有無私之人才能進入其中。

唯有心靈純潔之人才能夠充分體會天堂的滋味。

你若尚未嚐到這無盡的快樂，那你可以開始為自己設定一個崇高的理想，付出無私的愛，並努力朝著這個目標邁進。

靈性的渴望

靈性的渴望（或祈求）是一種崇高的慾望，是靈魂想要追尋它的神聖源頭的表現。唯有在這個神聖的源頭，我們才能夠找到永恆的滿足。

藉著靈性的渴望，慾望所具有的破壞性力量便被轉化成能夠保護萬物的神聖能量。

當你有了靈性的渴望，就要努力掙脫慾望的束縛，像一個歷經寂寞和痛苦後終於增長了智慧的浪子，回到父親的家[1]。

當你超越卑下的自我，逐一掙脫自我慾望的束縛時，你將脫離「抓取」的痛苦，嚐到「付出」（付出你的財物、你的才智並散發你內心逐漸滋長的愛與光）的喜悅。

屆時，你將明白「施比受更有福」確實是不二的真理。但請注意，你在付出時必須沒有私心、不求回報。當你無私的付出，你的內心必然充滿喜樂。

如果你付出之後，因為沒有得到感謝或奉承、或者你的名字沒有上報就感到受傷，你就要知道你的付出並非出自愛心，而是出自虛榮——你只是為了要獲得回報而付出。**這並不是真正的付出，而是抓取**。

為了他人的福祉而忘卻自我，無論做任何事情，都能無私無我——這便是快樂的祕訣。

要時時刻刻留神，不要懷抱著私心——認真學習那無我無私的神聖功課。如此，你便能登上快樂的高峰，披著不朽的華服，永遠沐浴在喜悅的陽光中。

你是否正在追求那永不消退的快樂？你是否正在找尋那恆久長存、不會導致哀傷的喜悅？你是否渴望啜飲愛、生命與安寧的泉水？

那就放掉一切黑暗的慾望、停止所有自私自利的行為吧！

1 這是聖經中的一則比喻，財主的小兒子要求提早分家，然後帶著自己的那份財產離家。在將財產揮霍殆盡後，小兒子懊悔不已，最終返家並得到父親的原諒。

你是否正在痛苦、悲傷、悔恨的道路上徘徊？

你所走的道路是否正使你那疲憊的雙腳日益痛楚？你是否企盼找到一個讓你不再流淚憂傷的安歇之處？

那就放下你的私心、找到那平安之心吧！

日課

。很多人都相信，唯有在慾望得到滿足後才會感到快樂，但這個錯誤的認知，其實是世上所有不幸的根源。

。一般人都以為自私自利的是別人，唯有你承認是自己的私心造成自己的痛苦，你才有機會遠離地獄。

。快樂，是內心全然滿足、喜悅安詳、毫無慾望的一種狀態。

。你必須處於靈性的狀態，才能夠明白何謂真正的快樂。

。當你願意放下自我，恆久的快樂就會前來向你報到。

。你最快樂的時候，是在你說出慈悲的話語或做出利他行為的時候。

。付出無私的愛，你就有機會嚐到無盡的快樂。

Chapter

7

成為一個富足的人

大自然毫無保留的賜予我們一切，
卻從未失去什麼；
人什麼都要，
卻也失去所有。

唯有正直、信任、慷慨、仁愛的心靈才能獲致真正的富足，不具備這些特質的心靈不可能體會富足的滋味，這是因為——

富足就像快樂一般，與財產的多寡無關，而是內心的一種狀態。

道德因果法則

貪婪之人就算成了百萬富翁，仍然會一直處於痛苦、吝嗇、貧窮的狀態。世上只要有一個人比他更富有，他就會認為自己很窮。

但是，那些正直、慷慨、有愛心的人就算境況並不寬裕，仍然會感到無比富足。

不滿足的人都是貧者，知足之人都是富豪，慷慨付出的人則更加富裕。

宇宙間有如此多美好的事物（無論在物質或精神層面），而人們卻僅僅盲目追求區區幾個金幣或幾畝土地？

只要能夠好好想一想這個問題，你就會醒悟追求私利是如何愚昧、無明的行為，也會明白一味追求自我的滿足反而會毀掉自己。

大自然毫無保留的賜予我們一切，卻從未失去什麼；人什麼都要，卻也失去所有。

許多人都認為：如果依照正道行事，自己就會吃虧。如果你想變得真正富足，千萬不要有這種想法——**不要讓「競爭」這個字眼動搖你對正道的堅持。**

我不在乎人們所謂的競爭法則，因為我認識那永遠不變的道德因果法則。總有一天，它會徹底顛覆所有的競爭法則。

事實上，即便是此時此刻，在義人的心靈和生命中，這些競爭法則已經被顛覆了。

神聖力量

在明白了道德因果法則之後，我便得以平靜的看待所有投機取巧、欺詐不實之人，因為我知道他們必然沒有好下場。

在任何狀況下，你都要做自己認為對的事，並對那不變的法則懷有信心。

你要相信宇宙間那隨時可能出手的神聖力量，它必然不會背棄你，你也必然會受到保護。

一旦你懷抱著這樣的信心，你現階段的損失最終都將會變成收穫，所有可能降臨在你身上的災厄，也都將會化為福報。請永遠都不要放棄正直、慷慨、仁愛這些美德，這是因為——這些美德再加上你的能量，將會讓我們享有真正的富足。

當人們告訴你「一定要先照顧自己，再照顧別人」的時候，千萬不要相信他們。你如果這麼做，就是只在乎自己的好處，根本不考慮他人。

如果有人這麼做，總有一天他們會被眾人離棄。同時，當他們在寂寞與痛苦中吶喊時，也不會有人傾聽他們、幫助他們。

將自己的利益置於他人之上的做法，會約束、扭曲、妨礙所有高尚、神聖的本能。

如果你能敞開靈魂，用心中的愛與溫暖觸動他人，你就會品嚐到豐盛、恆久的喜悅，並享受無比的富足。

違反正道的人必須提防對手的報復，總是遵循正道的人則無須為此煩惱。

世間確實有人憑藉他們的正直與信心，而戰勝了所有的挑戰。他們在面臨競爭時，絲毫未曾偏離正道，而且能夠日益富足，那些企圖挖他們牆角的人都將無功而返。

一個人若能夠擁有善良的特質，就有能力對抗所有的邪惡勢力，並且在遇到試煉時獲得加倍的保護。他若能強化這些特質，就能獲得穩固的成功與永遠的富足。

那無形的心靈白袍，
沾染了罪惡、憂愁、悲傷與痛苦，
所有的悔改之池與祈禱之泉都無法將它洗白。

當我走在無明的道路上，
過錯的汙點一直無法去除。
自我的曲徑上遍地汙穢，
潛藏著痛苦與失望。

唯有知識與智慧能淨化我心，

使我的心靈白袍變得乾淨，
因為其中有愛的泉水，
還有永恆、靜謐的安寧。

罪惡與懺悔是痛苦的道路，
知識與智慧則是平安的小徑。
透過實踐的捷徑，
我將發現——
幸福從何處開始，
痛苦與憂傷又如何結束。

自我將會離去，
為真理所取代。

那不變的、不可分割的存有，
將居住於我心中，
洗淨那無形的心靈白袍。

日課

◦富足是內心的一種狀態，唯有正直、信任、慷慨、仁愛的心靈才能獲致真正的富足。

◦貪婪之心就算成了百萬富翁，還是會因為世上有人比他更富有而認為自己很窮。

◦切勿讓「競爭」這個字動搖你對正道的堅持——做自己認為對的事，對那不變的法則懷抱信心。

◦永遠都不要放棄正直、慷慨、仁愛這類美德，你的能量必須加上這些美德，才能讓你享受到真正的富足。

附錄

詹姆斯・艾倫

詹姆斯．艾倫是一位哲學思想家，一八六四年十一月二十八日出生於英國萊斯特（Leicester），他的名著《你的思想決定業力》，自一九〇三年出版以來，鼓舞啟發了數百萬人，成為歷久不衰的暢銷書籍。

艾倫出生於一個工人階級家庭，他的父親威廉是一名織品工廠編織者。一八七九年，英格蘭中部紡織品貿易衰退，威廉獨自前往美國去尋找工作機會，並計畫在那裡為家人建立一個新家園。

豈料，在抵美後的兩天內，威廉便死於紐約市醫院——據信是一起搶劫謀殺案。由於這起悲劇事件，迫使艾倫在十五歲時就不得不輟學幫助家計。

艾倫曾在多家英國製造公司擔任私人祕書和文具商。一八九三年，艾倫先搬到了倫敦，然後搬到南威爾斯，以新聞報導為生。在南威爾斯，他遇到了一生的摯愛——莉莉・露易莎・奧拉姆（Lily Louisa Oram），並於一八九五年與其結婚。

一八九八年，艾倫進入創作時期，一九〇一年出版了第一本書《從困頓到力量》。一九〇二年，艾倫開始出版自己的精神雜誌《理智之光》，在他去世後，他妻子將雜誌改名為「大紀元」，繼續出刊。

一九〇三年，詹姆斯・艾倫出版了他最廣為人所知的著作《你的思想決定業力》（這是他的第三本書），並遷居到英格蘭西南海岸的伊爾弗勒科姆鎮（Ifracombe）。這個度假小鎮有著連綿起伏的丘陵和蜿蜒的小巷，提供了哲學研究所需的安靜氛圍，他喜歡莎士比亞、約翰・彌爾頓、拉爾夫・沃爾多・愛默生、《聖經》、佛陀、華特・惠特曼和老子等人的作品，因此也常常於自己的作品當中引用。

在這裡，艾倫過著如同他的心靈導師托爾斯泰所描述的清貧、勞動且自律的理想生活。每天早上，他都很早就起床，接著去攀登凱恩山（Cairn），邊在懸岸邊俯瞰大海，邊反思和冥想。

大約一小時過後，他會回家寫作，將他洞察到的法則或祕密記錄下來，一直到中午。在下午，他喜歡園藝和玩槌球。至於夜晚，若有鎮民想與他討論哲學議題，他會欣然與他們交流。

就這樣，艾倫持續每年出版一本以上的書籍，靠著微薄的版稅度過了十年沉思的生活，直到他一九一二年突然去世，總共出版了十九部作品。

就和他恬靜的生活方式一樣，他離開人世時也是那麼靜悄悄、沒沒無聞的。艾倫的兄弟湯馬斯（Thomas）把他火化後的骨灰撒在墓地時說：「詹姆斯·艾倫的這些灰燼會被投到天堂的四風之中，他所教導的真理也將滲透到地球的四個角落，帶著歡樂、和平與安慰。」一直到後來，文壇才肯定他的作品既富創造力又鼓舞人心，而慢慢為人所知。

我用一個善念邁出了第一步，
用一句好話邁出了第二步，
再用一件善事邁出了第三步。
就這樣，我進了天堂。

01

James Allen

01

James Allen